De MALAS *quase* PRONTAS

CIP-BRASIL. CATALOGAÇÃO NA PUBLICAÇÃO
SINDICATO NACIONAL DOS EDITORES DE LIVROS, RJ

D32 De malas quase prontas / [Increasy Consultoria Literária]; ilustração Francine Rosa Medeiros. – 1ª ed. - Rio de Janeiro: BestSeller, 2017. : il.
ISBN 978-85-465-0023-9

1. Etiqueta de viagem. 2. Viagens - Planejamento. I. Increasy Consultoria Literária (Firma). II. Medeiros, Francine Rosa.

16-38063 CDD: 395.3 CDU: 395

Texto revisado segundo o novo Acordo Ortográfico da Língua Portuguesa.

De malas quase prontas

Design de Capa: Marina Avila
Editoração eletrônica e projeto gráfico: Marina Avila
Imagens do miolo: Francine Rosa Medeiros (*Como dobrar suas roupas* e *Relaxe no voo*), Deposit Photos, Stockphotosecrets, Freepik, Shutterstock

EDITORA BESTSELLER LTDA.
Rua Argentina, 171, parte, São Cristóvão
Rio de Janeiro, RJ | 20921-380
que se reserva a propriedade literária desta obra

Impresso no Brasil
ISBN 978-85-465-0023-9

De MALAS *quase* PRONTAS

Seu guia para uma viagem tranquila

org. **INCREASY**

1ª edição

BestSeller

Rio de Janeiro | 2017

SUM

ÁRIO

Fechando a mala

Malas prontas, hora de partir

Extras

Cheguei, e agora?

Ponto final

A viagem não acaba nunca.
Só os viajantes acabam.
E mesmo estes
podem prolongar-se
em memória,
em lembrança,
em narrativa.

José Saramago

INTRODUÇÃO

Ninguém viaja para ter trabalho — mesmo que esteja viajando para uma superaventura. Um mínimo nível de conforto, bem-estar e tranquilidade é essencial, e muitas vezes na ansiedade do grande dia de embarcar ou na pressa de fechar logo a mala, algo imprescindível fica de fora. E agora?

De malas *quase* prontas é seu guia para que esse tipo de situação seja riscada da sua vida. Começando por dicas organizacionais, passando por lembretes importantes de segurança em aeroportos e chegando no melhor look para um evento de negócios ou sua viagem para um local com neve, esse guia de bolso poderá salvar você de muitas furadas.

Listas na porta da geladeira? Post-its nas bordas do monitor? Agendas com anotações em cima da mala? Aposto que, como nós, todo viajante já tentou várias técnicas diferentes para tentar lembrar de tudo. Mas sempre acaba se confundindo com a quantidade de meias que devem ser empacotadas, ou acorda percebendo que não vai levar pasta de dentes porque se esqueceu de comprar na noite anterior à viagem...

Com a autoanálise de que tipo de viajante você é e um planejamento definido para os processos de empacotar, a arte de fechar a mala sem medo ou culpa pode ser dominada. E suas malas *quase* prontas se tornarão malas completas.

Vem com a gente!

Alba, Grazi, Guta, Lívia e Mari.

Preparação *para a* VIAGEM

O cronograma

Pensar em viajar vai muito além de comprar as passagens e partir. Viagem de impulso é uma delícia, mas também pode ser uma bagunça. Por isso, é importante considerar o lugar e o clima de seu destino já na definição das passagens e, assim, traçar um plano cronológico para fechar suas malas.

Nunca, **nunca mesmo**, é cedo demais.

Pelo menos 100 dias antes

Se você escolheu um destino internacional, atente para a necessidade de visto e para a validade do seu passaporte e/ou identidade.

Para viagens no Mercosul, em que apenas a identidade se faz necessária, o documento deve estar com menos de dez anos de emissão e em ótimo estado de conservação, ou você pode dar com a cara na porta.

Já em relação ao passaporte, em algumas cidades, a renovação pode ser um processo bastante burocrático e demorado. Não deixe para a última hora!

Dica: Se você usa algum aplicativo de calendário no celular, com backup ou compartilhamento integrado, coloque avisos para a validade de seus documentos seis meses antes que vençam. Assim, você estará sempre com eles em dia!

Pelo menos 40 dias antes

Se você vai fazer uma viagem para um lugar com clima muito diferente daquele em que vive, verifique se tem roupas de inverno ou

verão suficientes, se elas estão em bom estado ou se vai precisar ir às compras.
Essa é a hora de colocar seus casacos para arejar, checar se os seus biquínis estão em ordem e se a bolsa de praia ainda aguenta mais uma viagem. E, se precisar, procure roupas em lojas especializadas.

Dica: Há lojas especializadas em roupas de inverno e verão que funcionam durante todo o ano. Se na sua cidade não tiver uma, existem também as lojas on-line. Nesse caso, atente-se ao prazo de entrega.

7 dias antes

Hora de ver o estado em que se encontram suas malas. Verifique as rodinhas, o zíper, se há rasgos, se a mala está limpa.
Se for levar mala de mão ou *case* de aparelhos ou documentos, verifique a conservação e a limpeza, deixando tudo pronto para uso.

Escolha as malas de acordo com a quantidade de roupas que irá levar e com o tipo de viagem que vai fazer. Isso vai variar, principalmente, de acordo com quantos dias você ficará fora de casa.
Verifique a necessidade de comprar itens de higiene pessoal.
Arrume sua carteira de viagem, certificando-se de que a organização é prática e que nada vai cair na hora da pressa.

Dica: Em caso de viagens apenas para pernoite, os hotéis normalmente fornecem kits de higiene com xampu, condicionador, sabonetes, creme de mão e creme e aparelho de barbear. A qualidade desses produtos nem sempre é das melhores, mas eles "quebram o galho" para apenas um dia.

6 dias antes

Verifique a previsão do tempo do local de destino, aproveite para começar a pensar nas peças de vestuário que quer levar e se elas se encontram limpas e passadas.

Escolha seus sapatos e acessórios, verifique se estão em boas condições e limpos. Já faça uma previsão das peças que vai levar, mas vai usar antes da viagem. Se organize para dar tempo de lavá-las e passá-las.

Dica: O clima vai colaborar com as roupas no varal? Você vai precisar usar um serviço de lavanderia? Programe-se para não deixar para trás aquela peça coringa que você adora usar.

5 dias antes

Verifique com sua operadora telefônica quais os pacotes disponíveis para seu local de destino.

Dica: Muitas vezes vale mais a pena comprar um chip pré-pago no seu destino, pois o *roaming*, no caso de viagens internacionais, pode ser extremamente caro. Verifique se o seu aparelho está desbloqueado e quais chips encaixam no seu modelo de celular. Faça uma lista de telefones em sua agenda ou em um cartãozinho para deixar na sua carteira caso de perder seu aparelho — na hora do sufoco, a memória não ajuda em nada!

Verifique com sua operadora de cartão de crédito qual o procedimento para liberar compras internacionais, se necessário.

Dica: Leve um pouco de dinheiro em espécie na moeda corrente do destino final, e verifique com seu banco ou administradora de cartões qual é sua melhor opção: cartão pré ou pós-pago.

4 dias antes

Hora de colocar as roupas na mala. Use nossas checklists (págs. 81 e 114) para ajudar na organização e não esquecer nada.

3 dias antes

Já sabe o que levar para entretenimento durante as horas de viagem? Se o voo for muito longo, ou tiver muitas conexões, talvez você queira comprar um novo livro, escolher uma playlist ou baixar alguns vídeos para seu dispositivo.

Pense no seu conforto: precisa comprar alguma almofada para o voo? Máscara para dormir? Sapatos confortáveis? Essa é a hora!

2 dias antes

Seguindo sua lista, coloque nas malas as roupas, os sapatos, os acessórios e itens de higiene.

Hoje é o dia ideal para qualquer preparação pessoal antes da viagem (corte de cabelo, manicure, fazer a barba, depilação etc).

Se você utiliza algum medicamento de uso contínuo, faça as contas de quantos vai precisar e compre para todos os dias. Em muitos lugares, você pode não encontrar o mesmo medicamento ou pode precisar apresentar receita para comprá-lo.

1 dia antes

Dia de relaxar, ter uma boa noite de sono e programar o alarme para o grande dia.

Dica: Se você vai viajar cedo, programe mais de um alarme, em mais de um dispositivo.

No dia da viagem

Arrume a bolsa de mão com a ajuda da sua lista. Não esqueça de pegar medicação, produtos de higiene, óculos de sol/leitura, eletrônicos, documentos e acessórios.
É recomendável verificar outra vez, antes de sair, se você tem todas as reservas impressas ou acessíveis facilmente em seus aparelhos eletrônicos, além de telefones de contatos de agências de viagem ou companhias aéreas responsáveis pelo seu trajeto.

Dica: Lembre-se que ao chegar no destino seu celular pode estar fora de área ou sem acesso à internet: certifique-se de que suas informações estejam disponíveis off-line.

Superdica: *Os países a seguir exigem visto para entrada, e é essencial que você o tenha antes de planejar seu voo: Afeganistão, Argélia, Armênia, Angola, Austrália, Bangladesh, Benin, Burkina Faso, Cabo Verde, Camarões, Camboja, Canadá, Catar, China, Congo, Cuba, Egito, El Salvador, Emirados Árabes Unidos, Estados Unidos, Etiópia, Gabão, Gana, Índia, Honduras, Irã, Iraque, Indonésia, Japão, Jordânia, Líbano, Laos, Mali, Moçambique, Nepal, Nigéria, Quênia, República da Guiné, São Tomé e Príncipe, Vietnã e Tanzânia.*

Teste:

Que tipo de viajante você é?

Saber com que tipo de organização se fica mais confortável é produtivo durante o processo de fazer as malas e pode auxiliar qualquer viajante na hora de fazer sua programação: se você é mais ansioso, talvez começar o processo alguns dias antes cause mais tranquilidade, já se você é do tipo esquecido, o ideal seria ter listas de *todos* os itens a serem levados...

Responda às perguntas do teste a seguir para descobrir que tipo de viajante você é.

O viajante ansioso

☐ Você perde o sono pensando se tudo está dentro da sua mala.

☐ Seu maior medo é não ter alguma peça ou medicamento de que você precise.

☐ Você não consegue decidir seus looks para viajar e, por isso, leva mais do que o necessário.

☐ Sua necessidade de planos B, C e D é maior (muito maior) que seu espaço na mala.

Dica: Leia muito sobre seu destino, a moda do lugar, a facilidade de comprar medicamentos e o acesso às lojas de departamento. E acompanhe insistentemente a previsão do tempo para auxiliar em suas decisões. Um viajante ansioso bem-informado é um viajante feliz.

O viajante esquecido

☐ Sua primeira reação ao abrir a bagagem de mão no aeroporto é perceber que esqueceu alguma coisa.

- Sua agência de viagens ou companhia aérea sempre recebe ligações solicitando confirmações ou segundas vias de seguro.
- Existe a possibilidade de você levar sapatos, mas esquecer as meias.
- É a sua cara ficar sem comunicação nas primeiras horas porque não ativou o pacote de telefonia e não tem a mínima ideia de onde deve comprar um chip local.

Dica: Liste! Tudo. E, por favor, tente não esquecer suas listas. Crie uma rotina de organização dos principais documentos que precisará para a viagem, e mantenha-os em uma pastinha separada — que você não deve, em hipótese alguma, se esquecer de levar. Ser regrado é a única maneira de vencer a memória de um viajante esquecido.

O viajante bagunceiro

- Você abre sua mala e se defronta com uma zona de guerra: não é impossível que o xampu tenha estourado e vazado por todo o lado.
- Necessidade em um hotel é a existência de um serviço de lavanderia ou de ferro de passar no quarto: não dá para sair amarrotado.
- Cinco minutos depois de sentar na poltrona do avião, você está em uma luta extrema para tirar os fones da bagagem de mão sem acertar um murro no companheiro de voo.
- Sua mala possivelmente tem capacidade de levar mais itens do que você leva, mas eles teimam em não se encaixar.

Dica: Compre saquinhos e embalagens para organizar tudo separadamente. Separe sua bagagem de mão em compartimentos e não misture as coisas. Desfaça sua mala tão logo chegue no destino: aproveite para fazer valer aquele armário. Se você é bagunceiro, revirar as roupas dentro da mala de manhã cedo pode ser uma tentação irresistível. Para um viajante bagunceiro, espaço é a solução.

O viajante sonhador

- A partir do momento em que fecha sua viagem, você não consegue pensar em mais nada além de *estar* no destino.
- Quase um aventureiro, você não se importa em passar por dificuldades: frio e calor são parte da jornada.
- Protetor solar? Com certeza alguma farmácia vai ter sua marca preferida para vender.
- Você vive o momento, certamente, e suas malas ficam prontas com uma rapidez impressionante.

> **Dica:** A aventura é maravilhosa, mas planejamento é essencial, ou sua viagem vai sair muito mais cara do que você esperava. Para um viajante sonhador, a jornada é o objetivo, mas é preciso fazê-lo focar por alguns minutinhos no tamanho da fatura de seu sonho.

Os tipos *de malas*

Sua mala, em uma viagem, é parte essencial de sua sobrevivência fora de casa, o que é um dos maiores motivos pelos quais um viajante que teve sua mala extraviada fica desesperado.

Mas existem milhares de tipos de malas, e a decisão de qual usar depende muito do objetivo de sua viagem. Falar de malas é falar de um infinito de possibilidades, e vamos apresentar algumas.

Resistência x Tamanho

Mala de mão

Malas pequenas e que não precisam ser despachadas, as malas de mão normalmente possuem, somadas altura, largura e profundidade, não mais do que 115cm. A partir de junho de 2015, a Associação Internacional de Transporte Aéreo definiu os padrões da mala de mão em 55cm de altura x 35cm de largura x 20cm de profundidade. Na dúvida, verifique com a companhia aérea qual é a regra praticada.

Mala rígida

Normalmente em policarbonato, as malas rígidas podem arranhar e rachar com facilidade. Em contrapartida, são muito mais leves que os demais tipos, o que facilita bastante a vida de um viajante solitário. Para garantir a segurança da mala rígida, se despachada, um recurso interessante é pagar para embalá-la nas máquinas de envelopamento dos aeroportos.

Mala semirrígida

Mais pesadas que as malas rígidas, mas também mais duráveis, especialmente por serem feitas de náilon. Isso não significa que sejam indestrutíveis: nunca sabemos como elas serão tratadas após serem despachadas na esteira do check-in. O custo/benefício das malas semirrígidas está na economia com o envelopamento e a durabilidade do seu produto.

Mala flexível ou sacola

Viagem de fim de semana? Retiro no feriado prolongado? Uma sacola é mais do que o suficiente para levar tudo de que você precisa durante esses dias. Evite, entretanto, sacolas de pano simples: o ideal é investir um pouco mais e partir para sua aventura com um modelo impermeável.

Mochila

Existem muitos tipos de mochila, e elas podem ser necessárias em diversas ocasiões: você pode levar seus eletrônicos, substituí-la pela mala de mão ou, em casos específicos, como um mochilão aventureiro, utilizá-la como sua bagagem principal.

Capa para roupa

Se você precisa levar um terno ou vestido de festa, talvez seja mais do que necessário ter um capa para roupas— e lembre-se de se informar sobre o despacho desse tipo de bagagem e qual a melhor forma de transportá-la. Uma roupa social amassada é impensável.

Mobilidade

4 rodas

Praticamente essencial para viajantes solitários e com pressa. As malas "quatro rodas" seguem em todas as direções, permitindo que o viajante as puxe com destreza e rapidez em qualquer ângulo na hora da pressa. Se você terá que andar muito com suas malas, é ideal que ao menos sua mala de mão seja também 4 rodas.

2 rodas

Com menos mobilidade do que as 4 rodas, mas com mais segurança de que ficarão paradas quando você precisar, as malas de apenas 2 rodas são um padrão comum. O custo/benefício, se você não precisa andar muito, compensa bastante.

DICA:

Após o embarque, sua mala está passível de inspeção durante o procedimento do raio-x. Este procedimento é amparado por lei em alguns países, e você será avisado da fiscalização através de um comunicado deixado dentro da mala verificada! Portanto, procure usar cadeados TSA em suas malas, que são aqueles que podem ser abertos por uma chave mestra padronizada. Facilite o trabalho!

Escolhendo sua mala

Os tipos de malas são muitos, e encontrar o ideal para sua viagem pode ser uma tarefa bastante complicada. Por isso, vamos ajudá-lo nesse processo de preparação para a viagem, para que tenha certeza de que está escolhendo o modelo certo para a ocasião e o destino!

Destinos

Sua viagem será **maior do que uma semana**?

SIM

Você precisa levar mais do que **cinco looks diferentes**?

SIM

Participará de **eventos sociais**?

SIM

MALA RÍGIDA e APA PARA ROUPAS

NÃO

MALA RÍGIDA ou SEMIRRÍGIDA e MALA DE MÃO

NÃO

Participará de **eventos sociais**?

SIM

MALA DE MÃO e APA PARA ROUPAS

NÃO

MALA DE MÃO e MOCHILA

Nacionais

Sua viagem será **maior do que uma semana**?

NÃO

Sua viagem é de **negócios**?

SIM

Deve usar **trajes sociais**?

- **SIM** — MALA DE MÃO e CAPA PARA ROUPAS
- **NÃO** — MALA DE MÃO

NÃO

Sua viagem é **uma aventura**?

- **SIM** — MOCHILA e MALA FLEXÍVEL
- **NÃO** — MALA DE MÃO

Destinos

Sua viagem será **maior do que duas semanas**?

SIM

É uma viagem **de lazer**?

- **SIM** — Visitará **climas diversificados**?
  - **SIM** — MALA RÍGIDA ou SEMIRRÍGIDA e MALA DE MÃO
  - **NÃO** — MALA RÍGIDA ou SEMIRRÍGIDA e MOCHILA
- **NÃO** — Participará de **eventos sociais**?
  - **SIM** — MALA RÍGIDA ou SEMIRRÍGIDA e CAPA PARA ROUPAS
  - **NÃO** — MALA RÍGIDA ou SEMIRRÍGIDA e MOCHILA

Internacionais

Sua viagem será **maior do que duas semanas**?

NÃO

Sua viagem é de **negócios**?

SIM

Deve usar **trajes sociais**?

SIM — **MALA RÍGIDA ou SEMIRRÍGIDA e CAPA PARA ROUPAS**

NÃO — **MALA RÍGIDA ou SEMIRRÍGIDA**

NÃO

Sua viagem é **uma aventura**?

SIM — **MALA RÍGIDA ou SEMIRRÍGIDA e MOCHILA**

NÃO — **MALA RÍGIDA ou SEMIRRÍGIDA**

Fazendo A MALA

O início

Uma boa organização inicial e um processo definido, em um lugar claro e com espaço, podem fazer toda a diferença na hora de, efetivamente, fazer sua mala. É ideal que a mala fique longe do lugar em que você está fazendo a seleção das roupas, por exemplo, ou você pode acabar levando alguma coisa que nem era necessária, mas que entrou em alguma sacola que está sendo organizada.

A separação em nécessaires também é essencial: reserve espaços destinados a itens de higiene, itens para trato de unhas, de barba ou maquiagens. Evite misturar seus itens, ou conferir se está tudo ali pode se tornar um pesadelo.

Alguns recursos podem ser maravilhosos nesse momento, se você é um viajante frequente, vale investir neles.

Vacuum bag ou saco a vácuo

Normalmente vendidos em kits de saco e bomba para retirar o ar, as *vacuum bags* permitem que você economize espaço na mala ao deixar suas roupas literalmente embaladas a vácuo.

Cubos organizadores de bagagem

São bolsas destinadas a colocar peças de roupa semelhantes juntas, dentro de cubos fechados com zíper. Se você tem dificuldade de organizar e encaixar os itens dentro da mala, adquirir os cubos organizadores pode ser uma ótima pedida: suas calças ficam em um cubo, suas camisas em outro e suas roupas íntimas em outro. Basicamente a organização do seu armário dentro de uma mala.

Nécessaires de higiene pessoal

Xampu, creme de cabelo, loções, desodorantes, perfumes e cremes. Seus itens de higiene pessoal são extremamente necessários, mas sempre existe o risco de que eles façam uma bagunça na sua mala. O vazamento de qualquer um deles dentro da mala pode significar desastre, por isso utilizar recipientes que não vazam e nécessaires específicos e, preferencialmente, com saco plástico com fecho para esses itens é ideal, seja ele um item despachado ou que você vá levar na mala de mão.

Organizador de joias

É de extrema importância para mulheres que suas joias (e maquiagens, mas este é outro assunto) estejam organizadas em uma viagem. Nada pior do que chegar no destino e todos os seus colares estarem embolados. Por isso, é importante investir em um organizador de joias, com separação de anéis, pulseiras, colares e brincos, e espaços individuais para cada um deles. Se você não quer gastar com isso, separe suas joias em saquinhos individuais. Evita uma imensa dor de cabeça.

Procure levar suas joias na mala de mão. Despachar pode não ser uma boa ideia.

Organizador de carregadores

A quantidade de eletrônicos que carregamos conosco é cada vez maior e, por isso, é essencial ter uma boa organização de todos os carregadores dentro de sua mala de mão. Para isso, bolsas especiais para os carregadores e prendedores de fios para evitar que eles quebrem são essenciais.

Itens de conforto

Travesseiros para o pescoço, canecas para manter bebidas quentes (mas cuidado! Na hora de passar pelo raio-x para embarque, ela deve estar vazia!), fones confortáveis e um bom livro. Cada um sabe melhor como viaja, e como aguenta muitas ou poucas horas de voo ou ônibus.
Por isso, abuse de todos os itens de conforto que achar necessários. Nunca é um investimento em vão.

Com seu arsenal em mãos,
está na hora de ***empacotar***.

As roupas

Para muitos viajantes essa é uma parte difícil e estressante, mas deixe a preocupação de lado! Opte por roupas confortáveis, com peças chaves, cores neutras e condizentes com o seu destino.

O clima é um fator chave na hora de escolher as roupas, assim como o motivo de sua viagem.

Se vai viajar a negócios, é claro que precisará focar em roupas formais. Se vai viajar a passeio, pode escolher roupas mais descontraídas e confortáveis.

É importante que você verifique com antecedência a previsão do tempo para o período em que você estará em cada destino. Isso fica mais fácil caso você conheça alguém que já esteve ou mora no local para onde está indo, do contrário, pesquise sobre o histórico do clima em seu destino na época de sua viagem e mantenha algum aplicativo de controle de temperaturas monitorando as alterações futuras.

E, claro, sempre considere o "e se..." e leve uma roupa que possa quebrar o galho no caso de um imprevisto na temperatura.

Determinar a quantidade de peças que você deve levar também pode ser um problema. Por isso, existe uma cartilha de regras básicas que vão ajudá-lo a não ficar na mão em qualquer tipo de viagem.

Básico para qualquer clima e local

Roupa íntima

Nunca, em hipótese alguma, você deve reutilizar roupas íntimas. Por isso, o ideal é levar peças extras, contando sempre que você pode ir para a piscina e ter que usar mais de uma muda por dia, por exemplo. Leve três peças a mais do que o número de dias da viagem.

Sutiã

Diferentemente das roupas íntimas, o sutiã pode ser reutilizado (mas não abuse!). O ideal na hora de separar seus sutiãs é montá-los com seus looks: leve nude, leve preto, leve branco. E pense também no conforto!

Meias

Nunca são reutilizadas, portanto, tome cuidado para não ficar sem meias no meio da viagem. Uma boa conta é considerar o número de dias que vai ficar e levar três a mais ou lavar as peças durante a viagem.

Meia-calça

Considere uma para cada look que necessite de meia-calça. Não pense em reutilização, e leve em conta que são peças frágeis e que normalmente não duram muito. Existe a possibilidade, com meias-calças, de você ter uma emergência e precisar substituir alguma *no mesmo dia*.

Pijamas

Opte por conforto e considere que pode levar um para cada cinco dias.

Cinto

Ao menos dois, em cores diferentes e que combinem com o que está sendo levado de roupas.

Com estes itens que serão necessários em basicamente qualquer situação, já existe uma base de mala feita. Agora, é importante **considerar seu destino** para continuar sua mala, mas alguns itens tem uma contagem também bastante padronizada.

Demais itens

- Camiseta / Regata: é possível usar 1-2 vezes
- Camisas: é possível usar 1-2 vezes
- Suéter: é possível usar 3-4 vezes

- Blazer / Jaqueta: 5-7 vezes
- Calça: 2-3 vezes
- Shorts / saia: 3-4 vezes
- Vestido: 1-2 vezes

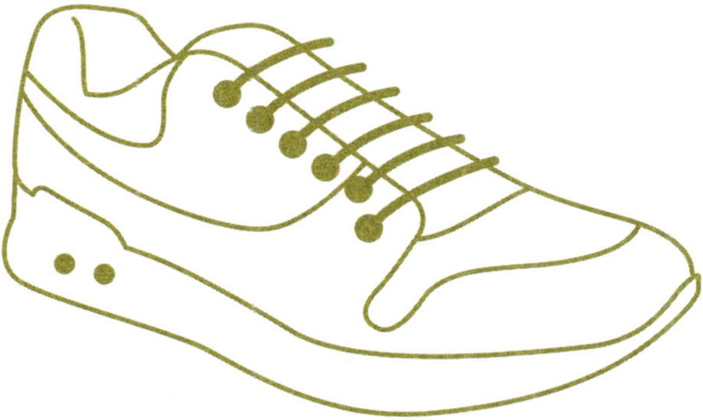

Roupa adequada para atividade física

- Um top para cada dia
- Calça ou shorts: um a cada dois dias
- Camiseta ou blusa: uma por dia
- Meia: uma por dia
- Tênis: um e em ótimo estado
- Uma toalha de rosto

Dica:

Se você for ficar mais de 15 dias no mesmo destino, talvez seja interessante levar roupas para menos dias e, no meio da viagem, ir até uma lavanderia express para lavar, secar e passar suas roupas. Isso evita que você precise levar muitas peças e libera espaço na mala para as suas compras! Uma boa opção para as roupas íntimas é lavá-las durante o banho.

Considerando o seu *destino*

Com uma mala básica montada, decidir o que você deve levar especialmente para o seu destino pode ser difícil. Cada clima pede cuidados específicos, cada tipo de viagem necessita de itens próprios. E você pode acabar se perdendo.

Está na hora de se achar!

Viagem para PRAIA

Sol,sombra e água fresca, mas não pense que praia significa uma mala pequena. Embora as peças de roupa utilizadas sejam menores, a quantidade e os acessórios é grande, e encher uma mala é fácil.

Itens principais:

- 2 biquínis/ sungas (uma peça precisa secar enquanto a outra é utilizada!).
- Chinelo.
- Bolsa/ mochila de praia.
- Cangas ou toalhas para estender na areia.
- Creme de pentear com protetor solar.
- Saída de praia (pense em cangas, camisetões, shorts...).
- Chapéu/ boné.
- Hidratante e creme pós-sol.
- Creme para queimaduras.
- Óculos de sol.

Viagem para **O CAMPO/** *para as* **MONTANHAS**

Paisagens maravilhosas e expectativa de aventuras. Uma viagem para as montanhas pode ser tanto relaxante quanto focada em atividades ao ar livre. De qualquer forma, esteja preparado para o friozinho da noite e (muitos) mosquitos.

Itens principais:

- Bota confortável de caminhada.
- Pelo menos dois pares de tênis (há sempre a possibilidade de molhá-los).
- Leve agasalho para a noite (mesmo que a viagem seja feita no verão).
- Repelente.
- Protetor solar.
- Squeeze.
- Protetor labial.

Viagem para a NEVE

Frio, fotografias maravilhosas, um vinho diante da lareira e muita diversão na neve. Uma viagem de inverno é um sonho que exige muita programação e malas cheias já na ida.

Itens principais:

- Blusa e calça térmica para ficar quentinha.
- Bota de neve
- Dois casacos de neve (há sempre a possibilidade de um ficar muito molhado).
- Abuse de acessórios: cachecol, luva, touca, xale e meia térmica.
- Hidratantes de mão, corpo, rosto e lábios são indispensáveis.
- Óculos escuros.

Viagem de NEGÓCIOS

Viagens focadas e com objetivo, mas mesmo assim com necessidade de um bom planejamento. Esquecer itens para uma viagem de negócios pode ser a diferença entre sucesso e fracasso. Fique atento.

Itens principais:

- Mais de um par de sapato social (especialmente se for uma mala feminina).
- Conjuntos sociais já separados previamente de acordo com a reunião do dia.
- Certifique-se de salvar todos os arquivos necessários e de reunir o material que vai ser lavado na viagem. Faça uma lista dias antes e vá ticando os itens com atenção
- Documentos importantes organizados em HD externo ou pendrive em caso de emergências.

SUPERDICA: colocar uma camisa que amarrotou no vapor do banheiro pode ajudar a desamassar as marcas da mala.

Viagem para GRANDES CIDADES

Fazer turismo, visitar os principais prontos turísticos e aproveitar o que existe de melhor nos maiores centros do mundo. Viagens para grandes cidades com muitas possibilidades de turismo exigem um planejamento adicional: você monta sua mala de acordo com o roteiro escolhido. Por isso, defina primeiro o que você vai fazer antes de entender o que vai levar.

Itens principais:

- Uma bolsa pequena e uma maior (ou uma mochila), permitindo um acessório tanto para o dia quanto para a noite.
- Casacos leves e fáceis de carregar ou amarrar na cintura.
- Sapatos confortáveis
- Carregadores extras para itens eletrônicos.
- Roteiro de viagem sempre em mãos.

Parques de DIVERSÃO

Dias de aventura e muita caminhada exigem um planejamento bem-feito e bastante disposição. Cuidados extras para se manter saudável e bem hidratado são de extrema importância para esse tipo de viagem.

Itens principais:

- Roupas confortáveis e em grande quantidade.
- Moletom/suéter leve.
- Mais de um par de tênis.
- Leve boné/chapéu e capa de chuva, para estar preparado para qualquer clima.
- Protetor solar é essencial.
- Hidratante pós-sol.
- Leve uma bolsa à prova d'água para não molhar seus documentos e equipamentos eletrônicos.
- Máquina fotográfica e alguns lanchinhos são indispensáveis.

MOCHILÃO

Aventurar-se se pelo mundo pode ser o sonho de muitos, mas tornar essa aventura uma realidade pode ser complexo e exigir um planejamento maior do que para qualquer outro tipo de viagem. Em um mochilão, sua casa está basicamente em suas costas, e praticidade é a palavra chave.

Itens principais:

- Medicamentos e um pequeno kit de primeiros socorros
- Roupas leves e fáceis de carregar, que não amassem e possam ser lavadas em lavanderias express.
- Seus itens de higiene devem estar em embalagens de fácil manuseio e que possam ser enchidas com refis.
- Uma doleira (aquela bolsa que lembra um cinto ou pochete fina e que pode ser usada embaixo da roupa) pode ser uma boa pedida para manter seus documentos, cartões e dinheiro em segurança. Aproveite para colocar nela um telefone para contato no Brasil, em caso de extravio da mala.
- Carregadores extras também são muito úteis.

Em todas as viagens, lembre-se de levar distrações para os momentos de tédio que possam surgir, como um **livro**, ***iPod***, **dispositivos com acesso à internet** e **programas de streaming on-line**.

Dica:

Serviços de streaming que você costuma usar no Brasil podem não funcionar em outros países, em alguns casos sendo até mesmo proibidos ou crime. Pesquise seu destino com antecedência e garanta sua diversão!

Os nécessaires de apoio

Trabalhar com a ideia de mais de um nécessaire é extremamente importante, pois permite uma organização mais ampla e uma conferência mais exata de que todos os seus itens de necessidade estarão com você.

Não dá para levar *tudo* que você tem, por isso é importante entender a importância de cada item e a praticidade daquilo que você está levando.

Nécessaire de maquiagem

Seja consciente: você não vai ousar num make que nunca fez ou levar glitter para usar na praia. Leve o básico, você vai se virar muito bem com isso.

Não esquecer:

- ✔ Sabonete facial
- ✔ Tônico facial
- ✔ Hidratante facial
- ✔ Protetor solar
- ✔ Demaquilante (lenços demaquilantes são mais práticos)
- ✔ BB Cream ou base, não há necessidade de levar ambos
- ✔ Pó translúcido ou iluminador
- ✔ Delineador ou lápis
- ✔ Máscara para cílios
- ✔ Batom: não tem problema levar mais de uma opção, mas foque em ao menos dois neutros
- ✔ Blush
- ✔ Quarteto de sombras básicas

- ✔ Lixa de unha
- ✔ Lenço removedor de esmalte
- ✔ Pinça

Importante: se você costuma fazer as unhas e cutilar, leve um alicate de cutículas amolado. Muitos países não permitem que manicures cutilem as unhas de suas clientes.

Nécessaire de primeiros socorros

Emergências acontecem, e não pense que só porque você está viajando elas vão deixar de ocorrer. Ter um pequeno kit de primeiros socorros é essencial, e pode evitar uma visita à farmácia no meio da madrugada.

Não esquecer:

- ✔ Curativo adesivo
- ✔ Fita micropore, especialmente se você tem problemas com calos e bolhas nos pés
- ✔ Spray antisséptico
- ✔ Repelente

- ✔ Medicação para dor de cabeça
- ✔ Medicação para enjoo
- ✔ Medicação para gripe
- ✔ Medicação para cólicas
- ✔ Medicação de uso regular:

- [ ]
- [ ]
- [ ]
- [ ]
- [ ]
- [ ]
- [ ]
- [ ]
- [ ]

Importante: Medicação de uso controlado deve sempre estar acompanhada da receita médica.

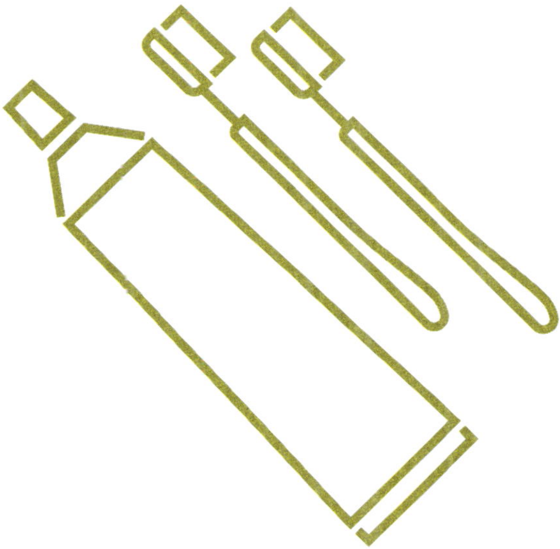

Nécessaire de itens de higiene

Ficar sem suas marcas de costume pode ser um problema, e o cabelo e a pele logo sentem falta dos produtos de sempre. Por isso, empacotar bem o seu nécessaire de higiene pessoal é um trabalho que deve ser levado a sério.

Itens femininos essenciais:

- Escova de dentes
- Pasta de dentes
- Fio dental
- Enxaguante bucal
- Sabonete corporal e sabonete íntimo
- Se você tem o costume de usar bucha de banho, não esqueça de levar a sua
- Xampu
- Condicionador
- Leave-in
- Desodorante
- Perfume

- Elástico/presilha de cabelo
- Escova de cabelo
- Secador de cabelo e/ou babyliss, considere quanto de espaço você tem na mala, se tem secador de cabelo no hotel em que você ficará e a voltagem/encaixe de tomada do seu destino
- Hidratante corporal
- Kit para lentes de contato, se necessário
- Absorvente íntimo
- Preservativos
- Cotonete
- Lenço de papel

Itens masculinos essenciais:

- Escova de dentes
- Pasta de dentes
- Fio dental
- Enxaguante bucal
- Sabonete
- Xampu
- Condicionador
- Desodorante
- Perfume
- Escova de cabelo
- Hidratante corporal
- Kit para lentes de contato, se necessário
- Espuma de barbear

- Lâmina de barbear
- Loção pós-barba
- Barbeador
- Cotonete
- Lenço de papel
- Preservativos
- Cortador de unha

Dica: Geralmente hotéis oferecem kit higiene com sabonete, xampu, condicionador, hidratante corporal, escova e pasta de dentes, lâmina e espuma de barbear. Se a sua estacia for curta, vale a pena utilizar essas facilidades do hotel e economizar espaço na sua mala, mas se você for ficar mais de dois dias, vale lembrar que a qualidade desses produtos pode ser bem diferente da dos que você está habituado.

Nécessaire de eletrônicos

Manter seus eletrônicos em um compartimento ou nécessaire específico é importante, especialmente porque eles devem estar organizados, em grande parte das viagens, em sua bagagem de mão. Por isso, revise o funcionamento de todos os equipamentos antes de empacotá-los.

Não esquecer:

- ✔ Cartão de memória extra para máquina fotográfica
- ✔ Bateria extra da máquina fotográfica
- ✔ Carregador da máquina fotográfica
- ✔ Carregador do tablet
- ✔ Carregador de celular
- ✔ Cabo USB para transferência de dados
- ✔ Adaptador de tomada
- ✔ Bateria externa para celular

Dica: Verifique a voltagem do seu destino e dos seus equipamentos, assim você evita que os mesmos sejam queimados. E não se esqueça de levar adaptadores de tomada.

Checklist

Entendendo a estrutura de organização e necessidades da sua viagem, é hora de definir quantos itens de cada tipo você levará. Leve em conta os nécessaires de apoio, os itens básicos e o clima do lugar e fique um passo mais perto de embarcar.

IMPORTANTE: Consulte previamente sua companhia aérea para transporte de bagagens diferenciadas. Evite transtornos!

Dica: Não se esqueça de deixar um espaço na mala para trazer suas compras.

Preparação

DESTINO:

DATA DA VIAGEM:

CLIMA NO LOCAL:

Instrução: *marque os itens já separados e confira tudo antes de fechar sua mala de vez!*

PRÉ-VIAGEM

- [ ] Passagens
- [ ] Reservas de hotel
- [ ] Identidade
- [ ] Carteira de motorista
- [ ] Permissão internacional para dirigir
- [ ] Passaporte
- [ ] Visto
- [ ] Mapas
- [ ] Roteiros
- [ ] Agenda de contatos
- [ ] Moeda local
- [ ] Moeda estrangeira
- [ ] Cartão de crédito habilitado
- [ ] Telefone desbloqueado
- [ ] Documentos de seguro

PARA A VIAGEM

- [ ] Travesseiro para viagem
- [ ] Fones de ouvido
- [ ] Telefone
- [ ] Tablet
- [ ] Notebook
- [ ] Água, chicletes, biscoitos
- [ ] Leitura para viagem
- [ ] Música para viagem
- [ ] Roupa confortável de viagem
- [ ] Máscara para dormir
- [ ] Remédio para enjoo
- [ ] Remédio para dor de cabeça
- [ ] Carregadores
- [ ] Câmera fotográfica
- [ ] Adaptadores

Na Mala

ROUPAS

☐ Roupa íntima	☐ Casaco/paletó	☐ Luva
☐ Meia e meia calça	☐ Vestido	☐ Cachecol
☐ Sutiã	☐ Calça	☐ Capa de chuva
☐ Pijama	☐ Saia	☐ Moletom
☐ Camiseta básica	☐ Terno	☐ Jeans
☐ Camisa e/ou blusa social	☐ Jaqueta	☐ Shorts
☐ Suéter	☐ Chapéu	☐ Roupa de ginástica

CALÇADOS

☐ Tênis	☐ Chinelo	☐ Rasteirinha
☐ Sapato social	☐ Pantufas	☐ Sapatilha
☐ Sandália	☐ Bota	☐ Sapatênis

NÉCESSAIRES

- [ ] Xampu
- [ ] Condicionador
- [ ] Creme de pentear
- [ ] Desodorante
- [ ] Perfume
- [ ] Kit para lentes de contato
- [ ] Creme de barbear
- [ ] Maquiagem
- [ ] Repelente
- [ ] Protetor solar
- [ ] Escova de dente
- [ ] Pasta de dentes
- [ ] Enxaguante bucal
- [ ] Escova/pente de cabelo
- [ ] Gel ou spray de cabelo
- [ ] Protetor labial
- [ ] Lâmina de barbear/barbeador
- [ ] Cotonete
- [ ] Absorvente
- [ ] Pinça
- [ ] Fio dental
- [ ] Sabonete
- [ ] Sabonete íntimo
- [ ] Bucha de banho
- [ ] Creme corporal
- [ ] Espelho
- [ ] Kit primeiros socorros
- [ ] Kit de unhas
- [ ] Kit de medicamentos
- [ ] Algodão

Outros

ACESSÓRIOS

- [ ] Óculos de grau
- [ ] Óculos de sol
- [ ] Cinto
- [ ] Gravata
- [ ] Relógio
- [ ] Joias
- [ ] Presilha para cabelo
- [ ] Lenço
- [ ] Abotoaduras

DIVERSOS

- [ ] Bolsa reserva
- [ ] Mochila reserva
- [ ] Saco de lavanderia
- [ ] Vacuum bag
- [ ] Cartão telefônico
- [ ] Equipamento esportivo
- [ ] Bateria
- [ ] Guarda-chuva
- [ ] Cadeado
- [ ] Artigos de escritório
- [ ] Receitas médicas
- [ ] Kit de costura
- [ ] Lanterna
- [ ] Documentos de trabalho
- [ ] Saco de dormir

Fechando A MALA

Como dobrar suas roupas

O modo como suas roupas são dobradas e organizadas altera, em muito, a quantidade de peças que você consegue levar na mala. Uma boa organização, com bons métodos e sequência, auxilia imensamente qualquer viajante.

Por isso, temos algumas dicas da melhor maneira de dobrar suas roupas para empacotá-las.

Dobrando blusas ou suéteres

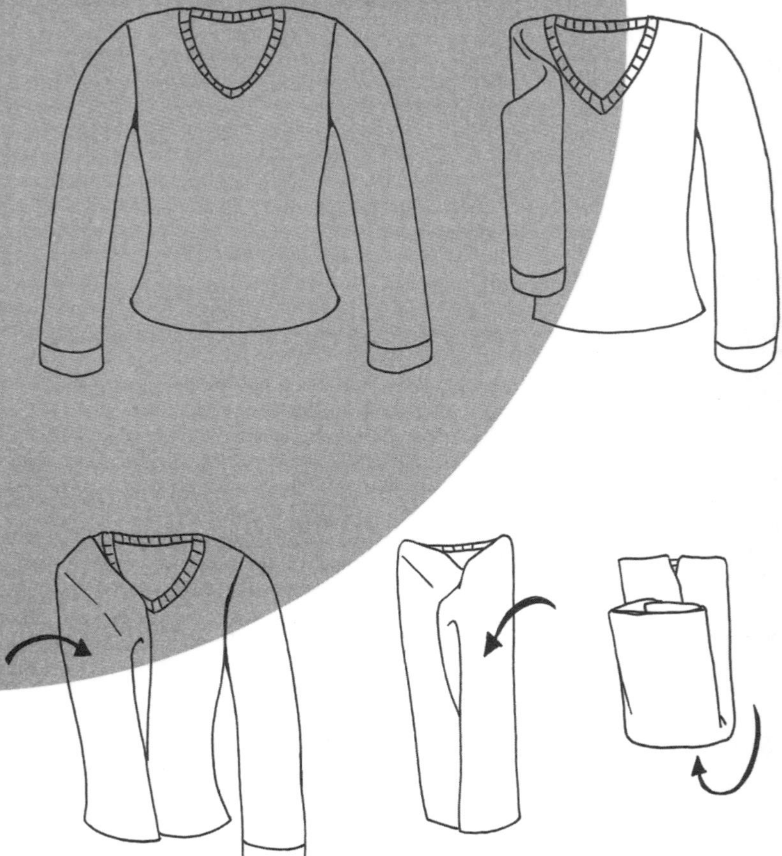

Dobrando casacos/ternos

Dobrando vestidos

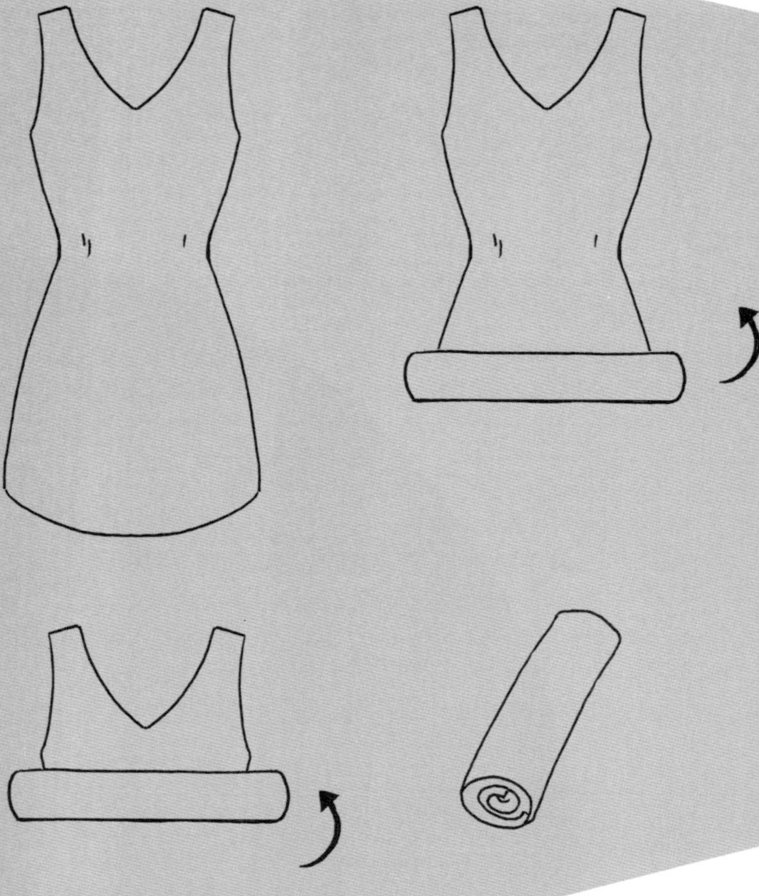

Dobrando calças

Dobrando saias

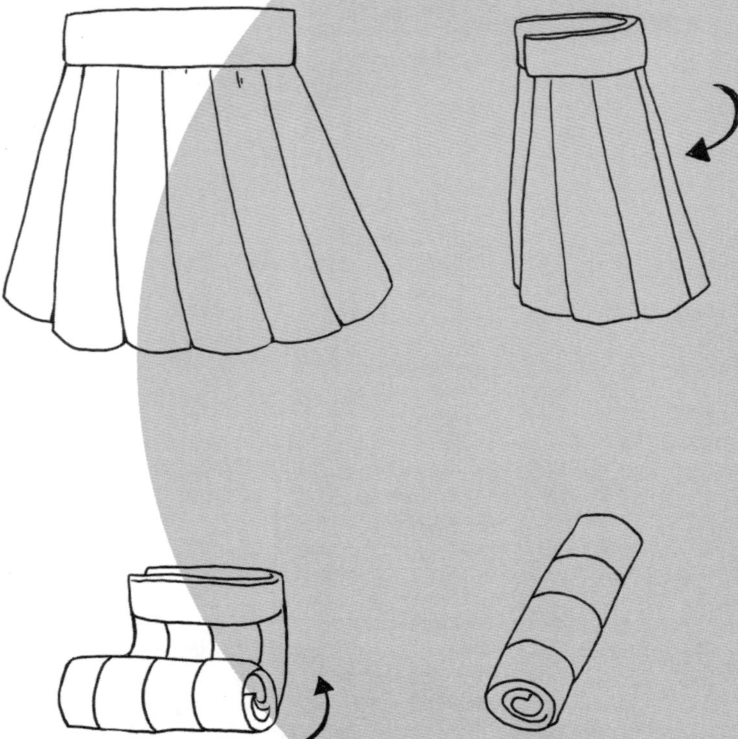

Colocando tudo dentro da *mala*

Com as roupas já dobradas e separadas, seus itens conferidos e sua estação de finalização da mala montada, é hora de arrumá-la e fechá-la. Esse processo exige que você tenha uma organização lógica: roupas primeiro, sapatos e nécessaires depois. É comum que algum item entre "de última hora", e esse item não pode ser algo que vai amassar ou deformar sua mala. Organize os espaços corretamente, é um fator muito importante!

Arrumando a mala - o que vem primeiro?

1) **Saco de lavanderia:** por baixo, para colocar suas roupas sujas depois.

2) **Calças, bermudas / shorts / saias:** esticadas por baixo, com as dobras bem-feitas para não amassar.

3) **Vestidos e Camisetas:** se não amassarem, você pode enrolar as peças para melhor aproveitamento. Do contrário, siga a mesma dobra das calças e mantenha esticados.

4) **Nécessaires com roupas íntimas, biquínis e saídas de praia:** procure encaixar nas beiradas, de maneira a proteger, depois, os nécessaires com produtos de higiene.

5) **Sapatos:** em sacos que podem ser de TNT para proteger as roupas.

6) Nécessaire de itens de higiene, maquiagem, acessórios e medicamentos: evite as beiradas ou deixá-los sob forte impacto, pois são produtos que podem vazar ao tomarem um "tranco" no aeroporto.

7) Pijama: especialmente para viagens com fuso horário e muita distância, tudo que você vai querer é fácil acesso à sua roupa de dormir!

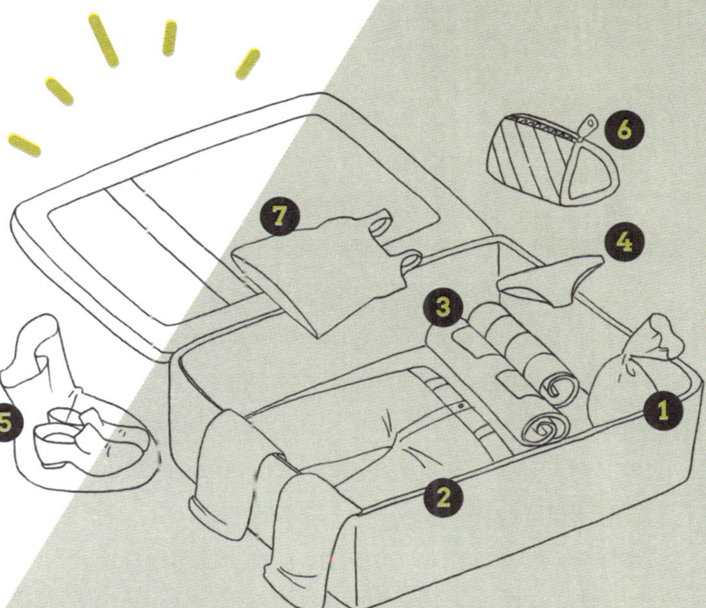

A mala de mão

Especialmente necessária para longas viagens ou destinos internacionais, a mala de mão é uma extensão prática e de fácil acesso de sua mala de roupas, e é tão importante quanto.

Fechar a mala de mão é um dos últimos passos, e requer atenção. Isso porque é nela que devem ficar todas as informações importantes para sua viagem, seus eletrônicos e seus planos B, C e D.

Uma mala tão importante não pode, entretanto, ser muito grande. Embora exista o padrão para mala de mão, os pesos e as medidas variam de acordo com cada companhia aérea ou de transporte e destino da viagem. Você deve procurar essa informação nos sites das companhias ou, em alguns casos, no ticket de reserva da passagem.

No caso de levar um notebook, ele deve ficar em local de fácil acesso, pois será necessário retirá-lo para passar pelo raio-X em aeroportos. Essa norma é obrigatória não apenas para destinos internacionais, como também para voos domésticos.

Ainda de acordo com as normas de aviação, em geral os itens líquidos também devem estar separados, em embalagens transparentes de no máximo 100ml. Alguns países podem exigir conteúdos menores, então confirme as regras do seu país de destino. O conteúdo líquido, no total, não deve passar de 1l, e precisa ficar junto em um nécessaire transparente ou em um saco plástico com fechamento tipo zip. Para cada passageiro, é permitido levar apenas um nécessaire ou um saco transparente.

Fique atento aos itens proibidos: inflamáveis, fósforo, aerossóis, tesouras, objetos cortantes. Entre tantas necessidades, decidir o conteúdo da mala de mão pode ser um trabalho árduo. Mas pense que é um trabalho necessário.

O que levar

- ✔ Joias e relógios, sempre dentro de alguma bolsa menor para evitar que caiam caso você precise manipular os itens da mala.
- ✔ Uma troca de roupa completa, para o caso de atraso no voo ou extravio de bagagem despachada.
- ✔ Eletrônicos: máquina fotográfica, computador, tablet, assim como todos os seus acessórios.
- ✔ Casaco ou blusa de frio: aviões e ônibus costumam ser muito gelados por causa do ar-condicionado constante, por esse motivo, também é recomendado levar um par de meias mais grossas.
- ✔ Máscaras de dormir se você tem dificuldades de dormir com luzes fortes ou leds de TV e/ou outros eletrônicos.

✔ Travesseiro para pescoço, se você tem problemas de postura ou não consegue se sentir confortável sem eles.

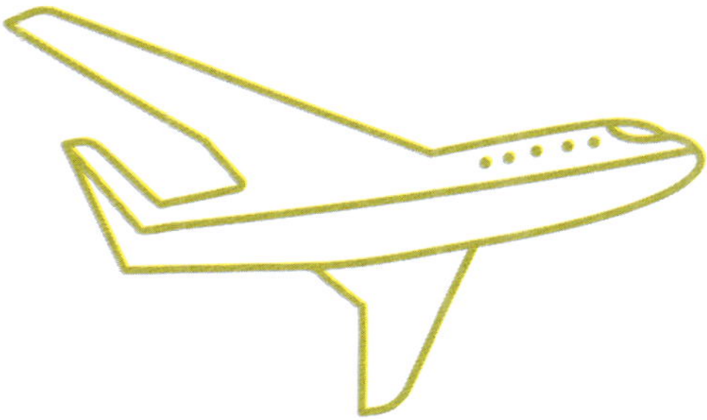

Dica: leve uma água termal spray dentro do seu nécessaire da bolsa para usar depois de algumas horas de voo. Hidratante de mão e labial também são uma boa pedida, já que o ar-condicionado do avião pode aumentar o ressecamento da pele. Mascar chicletes pode aliviar a pressão no ouvido causada pela altitude.

Dica 2: Roupas da viagem: botas, tênis, sapatos com fivela, cintos com fivela e joias e relógios não passam no raio-X do aeroporto. Você vai precisar retirá-los. Evite, ou leve-os em uma bolsinha na mala de mão para colocar após o embarque.

Bolsa ou mochila de mão

A finalização da bolsa ou mochila de mão é influenciada diretamente pela existência de uma mala de mão. Se você está usando uma mala de mão, sua bolsa/mochila será básica e funcional, e possivelmente ficará com você durante o voo.

A melhor escolha é aquela que possui zíper e é confortável de se carregar.

Se você não possui mala de mão, muitas das coisas que poderia levar nela devem ser colocadas na bolsa/mochila.

No caso de viajantes homens, muitas vezes a mala de mão faz o papel de bolsa/mochila. Essa distinção tem completa relação com a praticidade e extensão da viagem/viajante.

O que levar

- ✔ Seu passaporte e passagem, em caso de viagem internacional: ambos devem estar sempre à mão, eles serão solicitados diversas vezes, por isso coloque em um compartimento de fácil acesso.

- Celular, carregador e bateria externa.
- Óculos de grau, óculos de sol.
- Remédio para dor de cabeça e enjoo.
- Distração para o voo: livro ou mp3, nesse caso não se esqueça dos fones de ouvido.
- Caneta
- Documentos: autorização de viagem para menor desacompanhado de um dos pais ou ambos, voucher impresso da reserva do hotel, voucher impresso da reserva da locadora de veículos, informações do seguro saúde.
- Carteira: cartões de crédito, do seu banco, pré-pago de viagem, documentos pessoais (CNH, carteira de identidade), dinheiro na moeda do local de origem e de destino.

Superdicas:

Pesquise se o seu país de destino:

- Exige PID (permissão internacional para dirigir);
- Cobra taxa de entrada ou tem limite de moeda física;
- O tipo de tomada que é utilizada é a mesma do seu país;
- Tem todas as informações necessárias para não encontrar problemas na alfândega.

Malas **prontas,** **HORA DE** *partir*

Relaxe no voo

Levante-se, estique suas pernas,
fique confortável.

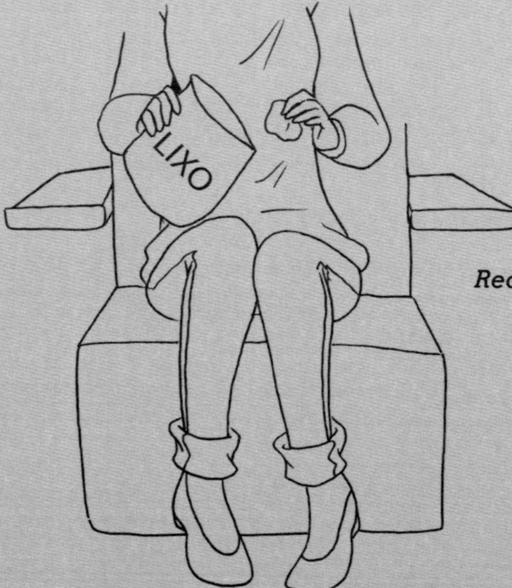

Recolha seu lixo.

Hidrate-se, tome água, não deixe seus lábios ressecarem.

Aproveite o entretenimento do avião em viagens internacionais. Os filmes são novos e as músicas, atuais, ótimo para passar o tempo.

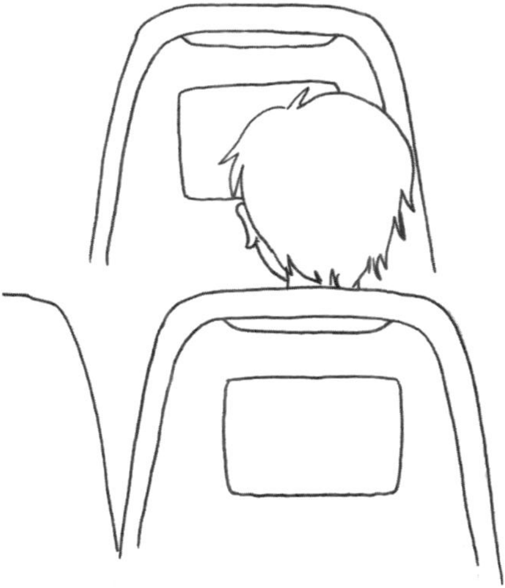

Durma quando puder, o tempo passa mais rápido.

EXTRAS

Viajando com...

Gestantes, idosos e pessoas com necessidades especiais

Verificar as regras para viagem nos casos acima é algo essencial e pode evitar muitos problemas. Pessoas idosas recebem tratamento prioritário, assim como portadores de necessidades especiais.

Grávidas podem necessitar de cuidados específicos, e se a gestação é muito inicial, isso pode não ser óbvio para seus comissários de bordo. Alguns destinos exigem vacinas e cuidados especiais durante a gravidez. Fique atenta!

Avise a tripulação sobre possíveis intercorrências durante o voo, assim como situações que podem gerar problemas para os demais passageiros. É gentil e evita transtornos.

Animais de estimação

Para viagens internacionais, é preciso verificar se o hotel aceita animais de estimação e quais são as regras para levá-los.
Alguns países exigem vacinas específicas, documentação específica e, às vezes, período de quarentena. Peça orientação ao seu agente de viagens ou companhia aérea.
Não esqueça de levar ração e ossinhos para que seu pet não fique completamente fora da rotina. Nem sempre você encontrará os mesmos mantimentos com que ele está acostumado.
Cada companhia aérea tem uma especificação diferente quanto ao transporte de animais. Portanto, verifique com antecedência se você tem tudo que precisa para levar seu bichinho.

Crianças

Viajar com crianças pode ser uma maratona, e exige muita programação. Escolher entre uma viagem diurna ou noturna pode fazer toda a diferença, especialmente em caso de voos longos: se seu bebê ou criança está acostumado a uma rotina de sono regrada, é ideal fazer uma viagem noturna, certificando-se de que a criança estará cansada e dormirá no caminho.

Levar alimentação também pode ser uma boa pedida e, se a criança ainda mama, é importante se preparar para que a rotina seja mantida. O voo em si já dá bastante estresse ao bebê, tirá-lo ainda mais da rotina pode ser prejudicial.

A distração e o entretenimento são também extremamente importantes. Se a criança já for bastante ativa, dê a ela atividades que a mantenham concentrada, como filmes preferidos ou desenhos para colorir.

Para bebês de até 10kg, a maioria das companhias disponibiliza um pequeno berço. Verifique antes de fechar seu pacote de viagem!

E, é claro, a mala da criança é de *extrema* importância, então tenha certeza de que não vai deixar nada para trás.

Checklist *para viagens* com crianças

- ☐ Mamadeira e copinho;
- ☐ Leite em fórmula e papinhas (de acordo com as regras da ANAC está permitido levar alimentos industrializados);
- ☐ Biscoitos (leve em vasilhas plásticas para que não se quebrem);
- ☐ Brinquedos (opte pelos preferidos, mas tente escolher os mais discretos e de fácil acesso ao voo);
- ☐ Tablet com filmes ou com joguinhos que entretenham a criança;
- ☐ Livrinhos;
- ☐ Calcinhas/Cuecas extras (apenas para o caso de crianças já desfraldadas);
- ☐ Fraldas descartáveis (não menos que cinco);
- ☐ Trocador portátil;
- ☐ Lenços umedecidos;
- ☐ Pomada contra assaduras;

☐ Medicamentos (converse com o pediatra de seu filho para que ele indique medicamentos para possíveis problemas durante o voo e a viagem, lembrando de levar a receita, pois sua bagagem poderá ser inspecionada);
☐ Termômetro;
☐ Trocas de roupas completas (considere a temperatura do voo e do destino);
☐ Cobertor;
☐ Chupetas extras;
☐ Fraldinhas de boca e ombro;
☐ Algodão;
☐ Álcool gel (avião e aeroportos são ambientes com grande concentração de pessoas. Evite problemas e mantenha tudo higienizado);
☐ Pijamas (conforto é essencial para o soninho da criança);
☐ Sabonete líquido de glicerina.

Road trips

Fazer a mala para uma viagem em que o hotel tem conforto, o destino tem estrutura ou tudo está bem-planejadinho é *uma coisa*. Entrar na aventura de uma road trip já é uma preparação completamente diferente.

Road trips normalmente significam muita improvisação, mas isso não quer dizer que você precise ter muito trabalho. Os destinos (sempre múltiplos) podem não ser dos mais confortáveis, mas a experiência é gratificante, e pode ser ainda melhor se você tiver a bagagem correta.

Alguns itens são *essenciais* dentro do seu porta--malas, e você vai acabar precisando deles em um ou outro ponto da viagem. É possível que você pegue um hotel de estrada que não seja *exatamente* como a propaganda. Ou então precise improvisar e dormir no carro mesmo. Como viajante aventureiro, você precisa estar preparado para tudo.

Pré-viagem:

- ✔ Faça uma revisão do seu carro.
- ✔ Verifique e encha o seu estepe.
- ✔ Faça seguro do carro. Se tiver algum problema, é importante ter um plano B.
- ✔ Verifique se a documentação do carro e do motorista estão em dia.
- ✔ Em caso de road trips entre fronteiras, verifique a documentação necessária para cruzá-la.
- ✔ Se for alugar um carro no exterior para uma road trip, verifique se precisa de permissão internacional para dirigir.

Uma pré-viagem bem-feita significa uma probabilidade pequena de problemas acontecendo. Mesmo assim, é preciso estar preparado!

Itens obrigatórios:

- Galão de combustível (vazio e seguindo as normas de segurança)
- Travesseiros
- Uma muda de roupas de cama
- Caixa de ferramentas
- Caixa térmica, já que você pode ficar muito tempo na estrada, longe de tudo. Água quente não é legal durante um dia inteiro
- Jogo de talheres, pratos e copos descartáveis

Se você vai embarcar numa road trip para um destino final fixo, como uma casa alugada para férias, peça uma lista de *tudo* que a casa tem. Isso é extremamente importante na hora de decidir que utensílios e comodidades você precisa empacotar.

*O planejamento é essencial para uma **experiência agradável**.*

Cheguei, e AGORA?

Bagagem extraviada

O extravio de bagagem é o pesadelo de qualquer viajante. Grande parte das companhias tem uma política semelhante de localização e reembolso, mas se você teme por seus pertences e quer se precaver, a contratação de um seguro com antecedência pode ser uma boa pedida. O seguro, já dizem, morreu de velho.

Em qualquer caso de perda de mala, você precisará descrevê-la. Por isso, a cor, o formato e os detalhes devem estar frescos em sua mente, e é de extrema necessidade que sua mala tenha seu nome e forma de contato. Use algo bem chamativo, como uma fita colorida na alça para identificá-la facilmente.

Como proceder

Procure imediatamente um agente da sua companhia aérea e relate o problema. Dê a ele endereços, telefones e métodos de lhe contatar quando sua bagagem for localizada. Não saia sem que tenha número de protocolo e controle do seu processo de localização, e se tiver problemas de idioma para se comunicar, tente encontrar um tradutor.

A informação, neste momento, é sua maior aliada.

Em caso de viagens via agências de viagem, é interessante contatá-los sobre o problema. Muitas vezes, seus meios de comunicação vêm em nosso auxílio, transformando o que poderia ser um pesadelo em algo de rápida solução.

Dica: O GPS tracking permite que você não perca sua bagagem de mão. *http://www.trakdot.com.br/#o-aparelho*

Como lidar com o jet lag

Se em uma viagem de uma semana você perder um tempão para se acostumar com o novo fuso horário, pode acabar não sobrando nada para aproveitar. Por isso, é importante se colocar em uma rotina assim que possível e não deixar o jet lag te abalar.

Se você chegar ao destino na parte da manhã

Procure se manter acordado o máximo de tempo que conseguir, isso não quer dizer que você precise fazer atividades que o deixem muito cansado. Evite ficar parado dentro de um local.

Vá conhecer os arredores do seu hotel, faça um passeio leve. Se você estiver muito cansado, tire um cochilo depois do almoço e evite comidas pesadas para não ficar com a sensação de ainda mais letargia.

Se você chegar ao destino na parte da noite

Procure não fazer atividades que aumentem seus estímulos sensoriais. Tome um banho quente e demorado para relaxar e tente seguir com sua rotina diária de preparo para uma boa noite de sono.

PONTO
FINAL

Refazendo as malas

Toda viagem é a mesma coisa: a mala que volta nunca é igual à mala que foi. Compras, extras, organizações diferentes e com tempos diferentes. É impossível arrumar da mesma maneira. Procure seguir a mesma lógica de antes. Retire as etiquetas de roupas novas e coloque-as junto com suas roupas antigas.

Utilize seus sacos de lavanderia para as roupas e calçados sujos e feche a mala com algumas horas de antecedência, verificando seu quarto de hotel por itens faltantes.

E, claro, se a coisa apertar:
compre uma mala nova!

A trilha sonora da sua viagem

Viajar é uma arte, e como toda boa arte, tem que ter trilha sonora. Separamos algumas sugestões que podem acompanhar você em sua aventura, momento de lazer ou relaxamento.

Coloque os fones, faça a sua também
e curta muito!

Relaxar

Road Trip

Praia/
Verão

Montanha/
Inverno

A *Increasy* foi fundada em 2014 com o intuito de fazer um trabalho de qualidade para o mercado editorial. Tocada por suas cinco sócias, Alba Milena, Grazi Reis, Guta Bauer, Mari Dal Chico e Lívia Martins, a consultoria atua nas áreas de coaching e agenciamento de autores e produz conteúdos interativos e guias de bolso irreverentes e indispensáveis.

increasycl

Este livro foi composto nas tipologias Arvo, Open Sans e Nickainley e impresso em papel offset 90g/m² pela Prol Gráfica.